Pierre Leroy-Beaulieu

La Crise
de l'impérialisme

Essai

ISBN : 978-1723532160

10 9 8 7 6 5 4 3 2 1

Pierre Leroy-Beaulieu

La Crise de l'impérialisme

Essai

Table de Matières

Introduction

L'année qui s'est écoulée depuis que, le 31 mai 1902, les Boers, accablés sous le nombre, ont dû reconnaître la souveraineté britannique sur toute l'Afrique du Sud, a été, pour l'Angleterre et ses colonies, l'année impériale par excellence. Après avoir vu leurs fils combattre pour la première fois côte à côte dans cette terrible guerre, œuvre de l'impérialisme, la mère patrie et ses plus lointaines dépendances ont encore vibré des mêmes sentiments, tour à tour de joie et d'anxiété, aux dramatiques péripéties du couronnement d'Edouard VII. Les premiers ministres de toutes les grandes colonies, venus pour assister à cette solennité, se sont réunis en conférence à Londres avec les représentants du gouvernement de la métropole, pour discuter les problèmes politiques, militaires et économiques communs à tout l'Empire. Bientôt après, fait sans précédent et témoignage certain de l'importance capitale que la mère patrie attache désormais à tout ce qui touche ses colonies, le principal, sinon le premier des ministres de la couronne a quitté l'Angleterre pour de longs mois, afin d'étudier sur place les questions sud-africaines. Enfin, comme pour fêter l'anniversaire de la paix, ce même ministre, entraînant une partie de ses collègues, invite aujourd'hui son pays à accomplir une formidable révolution économique, à contracter une union douanière avec ses colonies, à sacrifier à l'impérialisme le traditionnel libre-échange qui, depuis cinquante ans, assurait la prospérité et passait pour le fondement le plus solide de la grandeur britannique.

Ainsi l'impérialisme est plus audacieux que jamais ; et cependant divers incidents : le peu de résultats de cette conférence coloniale dont on attendait tant, une série d'élections partielles défavorables au gouvernement en Angleterre, de nombreuses manifestations d'opinion aux colonies, semblent prouver que cette doctrine ne jouit déjà plus dans l'opinion de la même faveur que naguère. D'où vient cette antinomie entre les tendances des gouvernants, plus impérialistes que jamais, et celles des gouvernés qui paraissent hésiter à les suivre, et où cela va-t-il mener la Grande-Bretagne ? Il faut, si l'on veut essayer de s'en rendre compte, se souvenir d'abord des causes qui ont déterminé l'essor de l'impérialisme, puis rechercher les motifs et noter les symptômes de l'hésitation qui se manifeste en certains milieux que la nouvelle doctrine avait si rapidement conquis.

Section I

L'impérialisme, on le sait, a été l'œuvre des trente dernières années. Au milieu du XIXe siècle, ce n'était pas seulement Cobden qui prêchait l'abandon de l'Inde, que l'Angleterre, disait-il, ne faisait qu'opprimer. « Ces misérables colonies, qui sont une pierre à notre cou, seront indépendantes dans un petit nombre d'années, » écrivait en 1852, dans une lettre à lord Malmesbury [1], Disraeli lui-même, qui devait mériter plus tard le nom de père de l'impérialisme. Dans les archives du Parlement se trouve encore une proposition de loi élaborée vers cette époque, où provision est faite pour la séparation éventuelle des diverses colonies, et leur érection en Etats indépendants, « fin naturelle d'une union essentiellement temporaire. » En 1867, lorsqu'on discutait, à la Chambre des communes, une garantie d'intérêt pour le chemin de fer de Québec à Halifax, qui devait éviter aux Canadiens l'obligation de passer par les voies ferrées américaines, un député, M. Cave, pouvait dire encore, sans soulever de scandale, « qu'au lieu de donner ces trois millions sterling pour séparer le Canada des États-Unis, il serait plus patriotique et plus sensé d'en donner dix pour l'y réunir. »

L'éminent historien Froude, qui fut un des précurseurs de l'impérialisme, bien qu'assez différent des impérialistes d'aujourd'hui, peint admirablement les sentiments qui dominaient à l'endroit des colonies dans l'Angleterre libérale d'il y a trente ou trente-cinq ans : « De longs chapitres apparaissaient chaque année au budget des dépenses pour les frais des guerres coloniales. Les économistes se mirent à demander quelle était l'utilité de colonies qui ne contribuaient rien à l'Echiquier impérial et grevaient toujours le contribuable. Elles avaient jadis possédé une valeur en tant que marché pour les produits anglais ; mais, depuis l'établissement du libre-échange, le monde était notre marché. Faisant partie du monde, les colonies devaient continuer à nous acheter, qu'elles restassent ou non en notre pos session. En cas de guerre, il nous faudrait les défendre et disperser ainsi nos forces. Elles ne nous donnaient rien. Elles nous coûtaient beaucoup. Elles constituaient un simple ornement, une source de responsabilités inutiles… Les deux partis du Parlement avaient été irrités par l'expérience qu'ils avaient faite de la politique coloniale et, pour une fois, ils furent d'accord. On retira les troupes du Canada, de l'Australie, de la Nouvelle-Zélande… On s'empressa d'abandonner ces immenses territoires à des gouvernements locaux. On les munit de constitutions modelées sur la nôtre et destinées à durer aussi longtemps que les colonies resteraient unies à nous. Mais on leur fit comprendre, plus ou moins explicitement, qu'elles étaient comme des oiseaux au nid, sur lesquels on ne veille qu'aussi longtemps qu'ils ne peuvent se suffire à eux-mêmes et que, plus tôt elles seraient mûres pour l'indépendance entière, plus la mère patrie serait satisfaite [2]. » Un haut fonctionnaire du ministère des Colonies n'allait-il pas un jour jusqu'à dire à Froude : « La chose est faite, les grandes colonies sont perdues ; ce n'est que l'affaire d'un ou deux ans. » Telle était, conclut l'historien, la politique coloniale, hautement professée en conversation privée, et à demi avouée en public par les hommes de gouvernement vers 1870. A ce moment, une réaction commence : l'impérialisme, va naître. Dès 1867, sir Charles Dilke, tout frais émoulu de Cambridge, lance le mot de *Greater Britain*, la *Plus Grande Bretagne*, qu'il donne pour titre au livre où il relate les impressions, pittoresques et politiques, d'un voyage à travers les colonies anglaises. A cette formule frappante et qui, depuis, a tant fait tourner les têtes, vient s'en joindre une autre, *Imperium et Libertas*, la devise que Disraeli donne à la politique anglaise. En 1872, l'illustre homme d'Etat qui, vingt ans plus tôt, a traité les colonies de « pierre au cou de la métropole » trace toutes les lignes essentielles du programme des impérialistes les plus ardents d'aujourd'hui, en des termes si nets et si explicites qu'ils n'ont jamais été dépassés par M. Chamberlain lui-même : « La concession du *self government* aux colonies, déclare Disraeli, aurait dû faire partie d'une politique générale de consolidation impériale. Elle aurait dû être accompagnée d'un tarif impérial des douanes, de garanties assurant au peuple anglais la jouissance des terres vacantes et d'un règlement militaire qui aurait défini avec précision les voies et moyens par lesquels serait assurée la défense des colonies, et par lesquels l'Angleterre pourrait, en cas de nécessité, appeler ces colonies à lui venir en aide. Elle aurait dû, en outre, être complétée par l'institution dans la métropole de quelque conseil représentatif, grâce auquel des relations constantes et continues auraient été établies entre les colonies et le gouvernement anglais. » Et, flétrissant les tendances qui prévalaient au milieu du siècle et qu'il ne se souvenait sans doute plus d'avoir lui-même partagées, il ajoutait : « On a pourtant omis tout cela, parce que les hommes qui dirigeaient notre politique regardaient les colonies de l'Angleterre, regardaient même notre situation dans l'Inde, comme un fardeau pour notre pays, ne s'occupant en toute chose que du point de vue financier et négligeant ces considérations morales et politiques qui font les nations grandes et qui distinguent seules l'homme des animaux. »

Tout l'impérialisme tient en ces quelques phrases. Mais le souple et brillant esprit de Disraeli avait devancé l'évolution de ses compatriotes. Il en eut la preuve par la sourde résistance qui se manifesta dans l'opinion, lorsqu'en 1876 il fit proclamer la reine Victoria Impératrice des Indes… En 1902, c'est aux acclamations, c'est à la demande de tout son peuple qu'Edouard VII a encore ajouté à ses titres celui de « Roi des Domaines britanniques d'au-delà des mers. » A ces changements dans les mots en correspondent d'aussi grands dans les faits. Par une évolution de plus en plus rapide, depuis 1880 et surtout depuis la grande réaction conservatrice et unioniste de 1885, les Anglais en sont venus à attacher une importance capitale à cet Empire dont ils faisaient jadis si bon marché : ils considéreraient comme une catastrophe sans nom la perte de ces colonies, dont ils souhaitaient naguère d'être délivrés.

Pour comprendre ce changement, il ne faut pas considérer l'Angleterre seule, mais le monde, qui est fort différent aujourd'hui de ce qu'il était en 1860 ou en 1870. Il n'est plus vrai de dire, — il ne l'était plus du moins à la veille de la guerre du Transvaal, — « que les grandes colonies coûtent beaucoup à la métropole ; qu'elles constituent un simple ornement, une source de responsabilités inutiles ; » ni surtout « que le monde entier est le marché de la Grande-Bretagne. » De hauts tarifs de douane sont venus fermer à l'Angleterre une foule de débouchés ; et, sur ceux qui lui restent ouverts, jusque chez elle-même, elle doit subir la concurrence de

nouvelles nations industrielles. Est-il surprenant, dès lors, qu'elle se retourne vers ses colonies, vers ces marchés où du moins ses rivaux ne reçoivent pas de faveurs, qu'elle cherche même, pour s'y assurer un traitement privilégié, à resserrer les liens qui les unissent à elle ?

Comme la supériorité économique de l'Angleterre, sa puissance maritime est menacée : tous les grands Etats se construisent des flottes, et les escadres britanniques, très supérieures encore à celles de chacun des autres pays, risquent de ne l'être plus en face de la coalition, toujours possible, de plusieurs marines réunies. Pour maintenir, même dans ce cas, la supériorité qui fait la puissance, qui est même la sauvegarde essentielle de la Grande-Bretagne, le meilleur moyen ne serait-il pas d'avoir recours aux colonies, d'obtenir que, devenues riches et puissantes, elles contribuent à l'entretien d'une marine qui ne leur est pas moins utile qu'à la mère patrie, et qu'on pourrait, avec leur aide, rendre plus forte que jamais ?

D'ailleurs, si la séparation des colonies pouvait sembler inéluctable, au milieu du XIXe siècle, après l'expérience faite en Amérique par la France, l'Espagne, le Portugal, et l'Angleterre même, il en est autrement aujourd'hui. La colonisation n'apparaît plus comme un phénomène du passé ; tous les grands peuples s'y sont mis ou remis. Ce peut être pour la Grande-Bretagne un danger, et un motif de plus de resserrer son union avec ses colonies, mais c'est aussi un motif d'espérer en la durée de son empire, qui ne semble plus, comme il y a trente ans, une survivance chancelante d'âges disparus. En un monde renouvelé par les communications rapides, l'immensité de la surface et de la population ne paraît plus un obstacle à l'établissement d'Etats solides et bien organisés, comme le prouve l'exemple de l'Empire russe et de l'Union américaine. Et si les territoires de l'Empire britannique ne sont pas contigus, mais séparés par de vastes étendues de mer, qu'importe, du moment qu'il est maître de ces mers ? Tant qu'il le restera, la mer, qui unit plus qu'elle ne divise, qui favorise le bon marché, sinon la rapidité des transports, ne nuira pas à son unité, mais lui assurera, au contraire, une cohésion comparable à celle des grands États terriens et que ne saurait posséder aucun autre Empire colonial.

Tels sont, au triple point de vue économique, militaire et politique, les fondements de l'impérialisme. En appliquant ses doctrines, les

Anglais espèrent adapter leur pays au milieu actuel, de manière à lui conserver, dans les conditions présentes du monde, et à augmenter, s'il est possible, la puissance qu'il avait acquise, en des conditions différentes, au siècle dernier. L'entreprise est-elle ou non chimérique et les moyens qu'on prétend employer sont-ils les plus propres à en assurer le succès ? Elle est grandiose, en tout cas, et l'on conçoit qu'elle ait séduit un peuple qui ne veut pas se résigner à déchoir.

Section II

Les colonies ont été impérialistes avant la métropole. Jeunes et faibles comme elles l'étaient au milieu du XIXe siècle, l'indépendance, à laquelle les poussait une grande partie de l'opinion anglaise, ne les séduisait pas ; elles en sentaient alors tous les périls. Elles n'ont plus aujourd'hui un tel sentiment de leur faiblesse ; certes elles sont fières d'appartenir au plus vaste empire du monde, dont elles s'exagèrent encore la puissance et la richesse, dans leur ignorance de tout ce qui n'est pas anglais ; mais elles se voient elles-mêmes avec des yeux plus complaisants encore qu'elles ne voient l'Empire britannique. Elles sont assez portées à s'exagérer leurs forces, à trop vouloir *far da se*, à se croire en état de résister seules aux redoutables ennemis, dont leurs vastes territoires, encore à peine peuplés, pourraient tenter l'ambition, et auxquels leur arrogance et leur exclusivisme fourniraient maints prétextes de les attaquer. Mais elles sont bien forcées de s'avouer qu'il leur en coûterait très cher, si elles étaient indépendantes, pour se mettre à l'abri de toute agression, tandis qu'unies à la Grande-Bretagne, elles peuvent compter sur le secours de sa flotte et se dispenser de toute charge militaire.

Ainsi c'est la gratuité plus encore que la puissance de la protection britannique qu'apprécient les colonies ; c'est là ce qui en définitive maintient leurs liens avec la métropole ; c'est à leurs yeux le grand, même le seul avantage que leur condition actuelle présente sur l'indépendance ; c'est la seule compensation aux restrictions diverses qu'impose à leur pleine liberté, à leur entière autonomie, cette situation de colonies britanniques.

Car, il faut le reconnaître, si libérale qu'ait été la politique de l'Angleterre vis-à-vis de ses grandes dépendances, ces restrictions existent. Sans doute la métropole n'abuse pas du droit de *veto* qu'elle possède théoriquement sur les décisions des Parlements coloniaux ; elle en use pourtant quelquefois, quand il leur arrive de voter des lois qui pourraient affecter des intérêts impériaux, léser des pays amis. C'est ce qu'elle a fait dernièrement, quand la Colombie britannique a voulu exclure de son territoire les Japonais au même titre que les Chinois. Dans un ordre d'idées analogue, le gouvernement anglais a réservé le droit du Conseil privé de la Reine, séant à Londres, à juger en dernier ressort certaines questions ; l'étendue de ces réserves a même donné lieu à de fort délicates négociations, quand le Parlement anglais a été appelé à ratifier la constitution de l'Australie fédérée. Pour rares qu'elles soient, en partie même parce qu'elles sont rares, ces interventions de la métropole soulèvent toujours d'aigres récriminations dans les colonies intéressées.

Même au point de vue des relations extérieures, les colonies jouissent de la plus grande liberté. Les traités de commerce signés par l'Angleterre ne s'appliquent à elles que sur leur demande expresse, et elles ont le droit, dont le Canada et Terre-Neuve ont usé vis-à-vis des Etats-Unis, d'en négocier de séparés. On leur laisse même cette latitude pour des conventions de délimitation, comme au sujet des frontières de l'Alaska. On les consulte avant de conclure, quand un traité doit les toucher. Malgré cela, les colonies se plaignent que leurs intérêts soient souvent négligés par les représentants de la Grande-Bretagne au dehors ! Elles ont chacune de très grandes prétentions dans les régions du globe qui les a voisinent, voudraient y appliquer leur petite doctrine de Monroe, et, lorsque la métropole, mieux au courant qu'elles de ce que permet ou défend la situation du monde, se refuse à servir leurs visées, elles se considèrent comme injustement sacrifiées par la politique égoïste de l'Angleterre. Ainsi Terre-Neuve voudrait voir expulser les Français du French Shore ; ainsi l'Australie et la Nouvelle-Zélande ne comprennent pas qu'on n'annexe point les Nouvelles-Hébrides, qu'on ait laissé les Allemands s'établir en Nouvelle-Guinée, qu'on ait partagé les Samoa avec les Allemands et les Américains.

Serait-il plus facile aux colonies de réaliser leurs visées, si elles étaient indépendantes ? Voilà qui est fort douteux. Mais leur ignorance des choses de l'Europe et de celles de la guerre, la superbe confiance qu'elles ont en elles-mêmes les empêchent de voir les périls de l'indépendance. Elles s'exagèrent, au contraire, leurs maux présents, les moindres entraves à leur liberté d'allures.

A mesure qu'elles grandissent, ces entraves leur semblent de plus en plus gênantes et la protection navale de la métropole leur paraît de moins en moins une compensation adéquate. De là est né chez elles le désir de participer plus effectivement à la direction politique de l'Empire pour obliger le gouvernement impérial à mieux tenir compte de leurs intérêts. De là aussi l'idée d'obtenir de la métropole de nouveaux avantages qui contrebalancent plus exactement les sacrifices d'autonomie que l'union avec la Grande-Bretagne leur imposera toujours. Et ces nouveaux avantages, quels peuvent-ils être, si ce n'est la concession de privilèges douaniers qui assureraient aux colonies une place favorisée sur le marché de la mère patrie ?

Voilà le grand desideratum de l'impérialisme colonial. De même que les industriels anglais rencontrent aujourd'hui, dans le monde entier, des concurrents étrangers et qu'un certain nombre d'entre eux se verraient accorder avec plaisir un traitement de faveur aux colonies, de même les agriculteurs de ces colonies, qui ont toujours eu, qui ont plus que jamais aujourd'hui à lutter partout contre ceux des États-Unis, de l'Argentine et d'ailleurs, désirent depuis longtemps que la métropole leur accorde quelque protection. Les privilèges que l'Angleterre donnerait ainsi aux colonies seraient même bien plus avantageux pour celles-ci que ne seraient avantageuses pour la métropole les faveurs que les colonies lui consentiraient en retour ; car c'est l'Angleterre qui est, de beaucoup, le principal marché des produits coloniaux, tandis que les exportations aux colonies ne forment qu'une partie secondaire de l'ensemble des exportations britanniques. Aussi le désir de se voir accorder un tarif de préférence y est-il beaucoup plus général. A quoi bon, se demande-t-on, faire partie de l'Empire britannique, si c'est pour y être traité comme des étrangers ?

Telles sont, aux colonies, les idées génératrices de l'impérialisme ; on voit qu'elles ne sont pas tout à fait les mêmes qu'en Angleterre et qu'il y a quelque différence entre les points de vue auxquels la mère patrie et ses filles lointaines envisagent la nouvelle doctrine et entre les conséquences qu'elles désirent en tirer. La première voudrait d'abord obtenir un concours militaire qui allégeât ses charges ou lui permît au moins de continuer à faire la même figure dans le monde sans les augmenter ; elle voit surtout dans l'impérialisme un remède à son isolement, que lord Salisbury s'est peut-être un peu avancé en qualifiant de « splendide. » Les privilèges commerciaux sur le marché colonial ne viennent qu'en seconde ligne, non que tout le monde ne les considère comme très désirables en eux-mêmes, mais parce que beaucoup de gens s'aperçoivent qu'il faudrait les payer de retour et n'y sont nullement disposés. Le libre-échange a encore bien des partisans en Angleterre, et c'est ce qu'exprimait lord Salisbury quand il disait qu'un *Kriegsverein*, une union militaire de l'Empire, était désirable, mais un *Zollverein* impossible.

Malheureusement, établir un *Kriegsverein* sans *Zollverein*, ce serait supprimer, sans rien donner en échange, l'immunité de charges militaires, que les colonies tiennent pour le seul avantage de leur situation actuelle. Les colonies, au contraire, voudraient conserver cet avantage, et en ajouter d'autres : pas de *Kriegsverein*, mais un *Zollverein*, voilà ce qu'elles veulent, ou plutôt, pas même un *Zollverein*, mais une place privilégiée sur le marché britannique, en échange de quoi elles feraient à la mère patrie de modiques concessions douanières, tout en maintenant des droits assez élevés pour protéger leurs propres industries et ne pas bouleverser leurs budgets dont les recettes de douane forment la base. Ainsi, au point de vue commercial, chaque partie voudrait obtenir beaucoup de l'autre et lui accorder fort peu, tandis qu'au point de vue de la défense impériale, les colonies n'entendent pas assumer de nouvelles charges.

Ce n'est pas qu'elles aient de répugnance de principe à une coopération militaire avec la métropole ; elles l'ont bien montré dans la guerre sud-africaine. Mais elles entendent rester maîtresses de ne la donner que s'il leur plaît, et dans la mesure où il leur convient. S'engager d'une manière permanente à fournir des subsides à la marine, des contingents à l'armée serait à leurs yeux non seulement se grever de charges très lourdes, mais renoncer à une part de leur autonomie. Pour la même raison encore, elles répugnent à se lier en matière douanière. L'impérialisme est pour elles un moyen de développer leur personnalité, non de s'entourer de lisières.

Au point de vue politique, ceci engendre des contradictions. Les colonies voudraient exercer une action plus directe et plus intense sur la conduite des affaires impériales ; mais elles le voudraient pour mieux assurer la défense de leurs intérêts, pour faire prévaloir leurs vues, pour augmenter leur pouvoir et leur liberté d'allures. Elles rejettent, au contraire, tout ce qui pourrait limiter cette liberté, amener l'intervention directe ou indirecte d'autrui dans leurs affaires intérieures. Or, n'est-ce pas à cela que tendraient presque nécessairement des institutions fédérales ? Aussi peut-on se demander si cette fédération impériale, qu'appellent les vœux des impérialistes les plus ardents de la métropole, n'irait pas précisément à l'encontre du but que poursuivent les impérialistes coloniaux.

Dans les premières phases du mouvement impérialiste, ces malentendus, ces divergences entre les aspirations, encore incomplètement formulées, des colonies et de la métropole n'apparaissaient pas. La conception impérialiste était grandiose et parlait à l'imagination, aussi bien dans la mère patrie que dans ses lointaines dépendances. Par réaction contre les idées régnantes du milieu du siècle, on s'étonnait, on s'indignait qu'on eût pu méconnaître la valeur des colonies. Loin d'insister sur la fragilité de l'Empire, les historiens les plus éminents, Seeley, Froude, démontraient que ce n'était point par hasard, mais par des raisons profondes et durables, que la *Plus Grande Bretagne* avait survécu à la *Plus Grande France*, au *Plus Grand Portugal*, à la *Plus Grande Espagne*, que rien ne s'opposait à ce qu'elle continuât à vivre, qu'elle pouvait et devait donc s'organiser. Leurs livres avaient une très grande influence sur les classes cultivées. Pendant ce temps, l'une des plus lointaines colonies, la Nouvelle-Galles du Sud, affirmait sa solidarité avec la mère patrie en offrant spontanément un contingent de volontaires pour participer à l'expédition qui devait venger la chute de Khartoum et la mort de Gordon. Chose curieuse, ce premier coup de clairon de l'impérialisme est sonné par un Irlandais catholique, William Bede Dalley, premier ministre par intérim de la Nouvelle-Galles du Sud. Le peuple anglais se sent naturellement ému de cette marque de sympathie. La révolte du sentiment national contre le *Home Rule*, proposé par Gladstone, et le mouvement de réaction contre les idées libérales qui en résulte, aplanissent les voies à l'impérialisme, cousin germain de l'unionisme. Des ligues se fondent bientôt pour répandre la nouvelle doctrine : c'est l'*Impérial Federation League*, remplacée en 1894 par la *British Empire League*, l'*Impérial Federation Defence Committee*. L'union plus étroite de la Grande-Bretagne avec ses colonies semble une panacée à tous les maux de l'Angleterre, qui régénérera ses forces comme dans un bain de Jouvence au contact de ces peuples jeunes et ardents, et qui conservera facilement dès lors la supériorité maritime, industrielle et commerciale, que d'outrecuidants rivaux paraissaient menacer. Ainsi l'impérialisme est chauvin dès le début et deviendra bientôt agressif.

Les solennités qui se succèdent à l'occasion du cinquantième, puis du soixantième anniversaire de l'avènement de la Reine, en hâtent le développement en unissant tous les sujets dans un même culte pour leur vieille souveraine, symbole vivant de l'unité impériale, dont le règne démesuré semble une faveur particulière du ciel. Les défilés de troupes appartenant à toutes les races et venues de tous les coins de l'univers, les colossales revues navales, exaltent l'idée que ce peuple orgueilleux et quelque peu brutal se fait de la puissance de l'Empire. Au milieu de ces fêtes naissent les conférences coloniales : au jubilé de 1887, les ministres coloniaux et métropolitains se réunissent pour la première fois à Londres ; en 1894, le gouvernement canadien prend l'initiative de la conférence d'Ottawa. Enfin, en 1897, à la troisième conférence, M. Chamberlain pose nettement les questions de la fédération impériale et de la préférence commerciale. Cette dernière fait un pas décisif par la dénonciation des traités de commerce avec l'Allemagne et la Belgique, qui empêchaient les colonies d'accorder un traitement de faveur aux marchandises britanniques, et par l'octroi de détaxes douanières de 12 et demi, puis de 25, puis de 33 pour 100, que le Canada concède aux produits de la métropole.

Sans doute, la conférence de 1897 s'était montrée beaucoup plus froide, quand on voulut l'entraîner sur le terrain politique, vers la fédération impériale. On s'en consolait en se disant qu'un mouvement qui tend à un but aussi haut que l'impérialisme ne peut l'atteindre en un jour, que la question n'était pas mûre encore. Après la guerre du Transvaal, faite au milieu de la malveillance du monde, mais avec l'appui des colonies qui envoyèrent 25 000 hommes dans l'Afrique du Sud, il sembla qu'elle le fût. D'ailleurs, tout un concours de circonstances favorables entourait la nouvelle conférence coloniale de 1902. La fédération australienne, qu'on avait généralement considérée comme le prélude indispensable de la fédération impériale, était réalisée depuis 1900. L'aube d'un nouveau règne semblait propice à de grandes réformes. Enfin, la retraite de lord Salisbury, le dernier grand homme d'Etat de « l'ère victorienne, » l'aristocrate sceptique et avisé, dont l'ardeur impérialiste se tempérait de quelque réserve et dont ces audacieuses nouveautés inquiétaient un peu le prudent empirisme, laissait la place libre et le premier rôle, sinon le premier rang, à M. Joseph Chamberlain, le représentant de la démocratie impulsive et chauvine, l'impérialisme fait homme. L'heure paraissait propice entre toutes, sinon pour réaliser d'un coup le programme impérialiste, du moins pour faire un pas décisif vers la fédération, l'union militaire et navale, le régime des privilèges commerciaux. C'est précisément alors que les difficultés apparurent. La conférence, c'est ce qui en fait l'intérêt capital, a révélé les contradictions qui sont au fond de l'impérialisme et les profondes divergences entre les vues de la métropole et celles des colonies.

Section III

Les six colonies autonomes de la Grande-Bretagne étaient représentées à cette conférence par leurs premiers ministres. Le « Premier » du Canada, s'était fait accompagner des ministres canadiens de la Défense, des Finances, des Douanes et des Postes ; celui de l'Australie, du ministre de la Défense du *Commonwealth*. De même plusieurs membres du cabinet anglais, le secrétaire d'Etat à la Guerre, le premier lord de l'Amirauté, le président du *Board of Trade* prirent part, aux côtés de M. Chamberlain, aux discussions qui intéressaient leurs départements respectifs.

Trois des Premiers coloniaux devaient être, avec M. Chamberlain, les protagonistes de la conférence ; trois autres n'y devaient jouer au contraire qu'un rôle très effacé. Le représentant de Terre-Neuve, sir Robert Bond, et celui de Natal, sir Albert Hime, parlaient au nom de populations trop peu nombreuses pour que leur avis pût avoir grand poids. Sir Gordon Sprigg, délégué du Cap, colonie importante par son étendue et par sa population de près de 500 000 blancs et de 2 millions de noirs, aurait pu en d'autre temps se faire écouter. Mais la moitié, sinon la majorité de ce demi-million de blancs était hier encore en révolte ; la plus grande partie du reste, les loyalistes, les Anglais d'origine, accusaient sir Gordon Sprigg de les trahir, de les abandonner aux vengeances des Afrikanders, en s'opposant à la suspension de la constitution coloniale. Dans ces conditions, l'autorité de ce ministre n'était pas entière, et il ne pouvait tenir, lui aussi, qu'un rôle quelque peu passif.

Toute différente était la situation des trois autres Premiers. Celui qui attirait le plus l'attention publique était sir Wilfrid Laurier, non seulement parce qu'il représentait les 5 millions et demi d'habitants de la plus grande, de la plus prospère, de la plus peuplée des colonies, mais encore parce qu'il était Canadien français et parlait spécialement au nom de ses compatriotes, que la force des armes avait soumis à la Grande-Bretagne, mais que l'habileté de son gouvernement avait su lui attacher par un véritable chef-d'œuvre de politique coloniale. On attendait avec anxiété l'avis qu'il allait exprimer sur les problèmes de l'impérialisme. A peine arrivé en Angleterre, dans les banquets, dans les réunions auxquels furent invités les Premiers coloniaux, il se prononça nettement, et l'on vit que, si le Canada s'était montré disposé à faire à la Grande-Bretagne quelques concessions commerciales, il ne fallait pas compter sur lui pour entrer dans une union militaire. En tous ses discours, M. Laurier semblait hanté par la crainte de voir l'Empire britannique se précipiter « dans le tourbillon du militarisme, » *in the vortex of militarism*, et déclarait que le Canada était bien résolu à ne pas s'y laisser entraîner. Dans une interview très caractéristique, il marquait la différence radicale du point de vue politique anglais et du point de vue colonial et en particulier canadien : « Ici (en Europe), disait-il à M. W. T. Stead, avec qui que ce soit que vous causiez, hommes politiques, financiers, journalistes, vous en arrivez toujours, — si peu qu'ils vous en parlent, — à cette conclusion que leur pensée de derrière la tête, c'est la possibilité de la guerre. Elle ne viendra peut-être pas aujourd'hui, ni demain, ni le jour suivant ; mais, quelque jour, une grande guerre fera rage sur les frontières de leur pays, et la question suprême pour eux, c'est de savoir comment se préparer à cette effroyable éventualité. Cette préoccupation affecte toutes leurs pensées ; elle domine toute leur politique. Ils n'y échappent jamais : elle est toujours présente à leur esprit. Eh bien ! au Canada, de janvier à décembre, nous ne songeons jamais à la guerre. Loin d'assiéger constamment nos pensées, la possibilité d'une guerre n'entre jamais dans nos esprits comme une contingence à laquelle il vaille la peine de se préparer. Et c'est là, ajoutait avec beaucoup de force le Premier canadien, ce qui plus que toute autre chose m'a déterminé à empêcher, à tout prix, que le Canada soit mêlé aux embarras militaires du Vieux Monde. »

Comme M. Stead lui faisait remarquer que le Canada paraissait s'être déjà passablement embarrassé d'affaires militaires en envoyant des contingents dans l'Afrique du Sud : « Non, reprit M. Laurier, nous avons envoyé des contingents, c'est vrai ; mais, si vous voulez bien vous reporter au discours que j'ai prononcé au Parlement quand le premier contingent est parti, vous verrez que j'ai spécifié, dans les termes les plus énergiques, que l'envoi de ces renforts ne devait en aucune manière être considéré comme un précédent constitutionnel ou comme l'accomplissement d'une obligation. Le Canada s'est réservé la liberté, au cas d'une guerre future où l'Empire se trouverait engagé, de décider s'il devrait y prendre part ou se tenir à l'écart. » C'est là un commentaire des plus explicites, — et des moins impérialistes, — à ces paroles qu'avait prononcées en effet M. Laurier, à la tribune du Parlement d'Ottawa, le 13 mars 1900 : « Ce que nous avons fait, nous l'avons fait de notre propre et libre gré, et quant à l'éventualité de guerres futures, je n'ai que ceci à dire : si c'est, plus tard, la volonté du peuple canadien de prendre part à une guerre faite par l'Angleterre, le peuple canadien agira comme il l'entendra. Il va de soi que, si votre concours militaire devait être considéré comme obligatoire, — ce qui n'est pas aujourd'hui, — je dirais à la Grande-Bretagne : « Si vous voulez notre aide, appelez-nous dans vos conseils. » La crainte d'exposer à la guerre un pays assez heureux pour ne connaître ni ce fléau ni les charges qu'il impose n'était pas la seule raison qui éloignât M. Laurier de toute idée de coopération militaire obligatoire avec la mère patrie. Il y voyait aussi le germe d'une immixtion de l'Angleterre dans les affaires intérieures du Canada ; or, à cet endroit, sa susceptibilité est extrême ; il devait le montrer dans les discussions de la conférence.

La personnalité de sir Edmund Barton, qui représentait l'Australie, n'était pas aussi marquante que celle de M. Laurier, mais il suffisait, pour donner du poids à ses paroles, qu'il parlât au nom des 3 800 000 âmes de l'Ile-Continent, dont la prospérité, jadis si brillante, est bien atteinte aujourd'hui, mais auxquelles la conscience de leur unité réalisée donne une confiance nouvelle. Le Premier du *Commonwealth* ne parut guère moins hostile à tout ce qui pourrait restreindre l'autonomie coloniale que celui du *Dominion*. A peine arrivé en Angleterre, il s'élevait vivement contre la suspension de la constitution du Cap que demandaient les ultra-loyalistes de cette colonie, lord Milner à leur tête : « L'opinion unanime de tous les Anglo-Saxons répandus à travers le monde, c'est, disait-il, qu'on ne doit jamais toucher aux libertés, aux franchises, aux institutions représentatives d'une colonie ; un si dangereux précédent susciterait dans tout l'Empire les plus vives alarmes, éveillerait les plus graves soupçons. »

En face de ces défenseurs ombrageux du particularisme colonial, que les projets de fédération devaient naturellement effrayer parce qu'il n'était guère possible de les concilier avec l'absolu respect des autonomies locales, l'impérialisme pur avait un défenseur en la personne de M. Seddon, Premier de la Nouvelle-Zélande. Cette colonie, qui a moins de 800 000 habitants, est loin d'avoir l'importance de l'Australie et du Canada ; mais elle s'en croit une très grande : socialiste d'Etat et féministe, elle prétend guider le monde dans la voie du progrès en lui montrant comme phare son suffrage des femmes, sa journée de huit heures, ses salaires réglés par la loi, son arbitrage obligatoire, ses impôts progressifs. Son remuant premier ministre, qui la gouverne depuis dix ans et sous le règne duquel se sont accomplies toutes ces innovations, est une curieuse figure. On pourrait presque dire que M. Richard Seddon est un second exemplaire de M. Joseph Chamberlain, un peu transformé à l'usage des colonies. L'origine, le caractère, la carrière de « Dick, » comme on l'appelle familièrement en son pays des antipodes, reproduisent dans leurs grandes lignes l'origine, le caractère et la carrière de « Joe, » avec seulement une légère transposition pour s'accorder au ton plus élevé du milieu colonial. C'est ainsi que Dick est sorti d'une couche démocratique un peu plus profonde que Joe et qu'il a commencé par être un radical-socialiste encore plus avancé. Fort tacticien électoral et grand batailleur, comme son prototype, encore plus imbu de l'idée de la supériorité britannique, innée chez tous les Anglais, et qu'ils laissent éclater d'autant plus que leur éducation première a été plus rude, il est devenu aussi un champion de l'impérialisme et du *jingoïsme*, partie par conviction, partie parce qu'il voyait le courant aller de ce côté et qu'il n'était point fâché de se faire porter par lui. Le milieu colonial différant du milieu anglais, il n'a pas été entraîné par-là à se faire l'allié des conservateurs, et il a pu devenir premier ministre en restant aussi radical que devant. N'existe-t-il pas du reste, en tout pays, des radicaux chauvins ? Ce sont même les plus exaltés : ennemis professionnels des traditions, ils dédaignent les formes courtoises dont la vieille diplomatie ne se départait jamais et ils deviennent particulièrement redoutables quand leur ardeur s'exaspère « dans la chaleur communicative des banquets. » En cette matière, la France n'a pas guidé le monde, la Grande-Bretagne nous avait devancés et l'on se souvient encore de certain discours fameux où M. Chamberlain déclarait qu'en négociant avec la Russie, il fallait se rappeler le proverbe : « Qui soupe avec le diable doit se munir d'une longue cuiller, » et où il faisait appel à une alliance avec l'Allemagne et les Etats-Unis, repoussée aussitôt, non sans quelque hauteur, par l'opinion et le gouvernement de ces deux pays.

Longtemps confiné dans ses lointains antipodes, fort ignorant de l'Europe, assez peu instruit même des hommes et des choses de l'Angleterre, qu'il a quittée tout jeune, M. Seddon se refuse à voir les perturbations profondes qu'entraîneraient dans la vie de la métropole tous les changements qu'il préconise et son ardeur impérialiste ne connaît pas d'obstacles. Un peu gêné à la conférence par la réserve de ses collègues, il s'épancha, au cours d'une vraie tournée qu'il entreprit à travers l'Angleterre, et où il gourmanda vertement la timidité des impérialistes anglais, presque inquiets de la hardiesse de cet enfant terrible, pour lequel l'établissement d'un *Kriegsverein*, d'un *Zollverein*, d'un Conseil fédéral n'était qu'un jeu. Certes, s'il n'avait tenu qu'à lui, la conférence ne se serait pas terminée sans avoir, au moins, jeté les bases d'une constitution fédérale complète. Mais son ardeur même n'était pas sans porter quelque préjudice à ses idées. On se demandait si M. Seddon exprimait bien les vues de ses compatriotes, ou s'il ne voyait pas surtout dans l'impérialisme un marchepied, qui lui permit de quitter, pour un plus grand théâtre, la scène lointaine et exiguë où il a joué son rôle jusqu'ici.

La chaleur de M. Seddon ne faisait que rendre plus sensible la froideur des représentants de l'Australie et du Canada. Le tableau des sujets proposés aux délibérations par les divers gouvernements coloniaux et que publie le *Livre Bleu* relatif à la conférence est suggestif : sur les dix-sept motions qu'il contient, huit émanent du gouvernement de la Nouvelle-Zélande, et parmi elles figurent à peu près toutes celles qui visent des réformes vraiment organiques ; sept ont été indiquées par l'Australie, mais sont en général d'un ordre plus modeste et plus terre à terre, deux viennent du Cap et de Natal, aucune du Canada : la seule initiative que prirent ses représentants fut de déposer un vœu tendant à faire adopter dans tout l'Empire le système métrique, — médiocre hommage rendu à la métropole. Cette abstention, évidemment systématique, de la plus grande des colonies faisait prévoir dès le début que la conférence ne pourrait obtenir les résultats qu'on avait espérés.

M. Chamberlain qui, certes, avait attendu mieux, sentit bien que le terrain était peu favorable. « Le grand objet que nous avons en vue, dit-il, dans son discours d'ouverture, est de fortifier les liens qui nous unissent, et il n'est que trois voies par lesquelles nous puissions approcher de ce but : la première est celle de nos relations politiques ; la seconde serait l'institution d'une sorte d'union commerciale ; la troisième s'ouvrira par l'examen des questions que pose la défense de l'Empire. » Et il parle d'abord des relations politiques, mais se garde de faire aucune proposition définie et se tient aux généralités. Il croit à la fédération impériale, non qu'il s'en dissimule les difficultés, mais des obstacles plus grands ont été surmontés, selon lui, lors de la formation des Etats-Unis d'Amérique ou de la confédération des provinces canadiennes.

En tout cas, « l'établissement d'une union plus étroite est un idéal qui doit toujours nous tenir au cœur, et nous ne devons rien faire, maintenant ni plus tard, qui en rende la réalisation impossible. » Le ministre concède, un peu à regret, qu'il ne faut point trop se presser, qu'une union purement volontaire a aussi ses mérites, comme le prouve l'appui matériel et moral donné par les colonies dans la guerre sud-africaine, que ce serait une fatale erreur de transformer cet enthousiasme spontané en une obligation quelconque, qui pourrait être assumée de mauvais gré ou acceptée seulement pour la forme. Aussi toute proposition tendant à resserrer et à mieux définir l'union, doit venir des colonies, non de la métropole. « Mais, si cette proposition est faite, elle sera accueillie avec enthousiasme en Angleterre. » Le mot de M. Laurier : « Si vous voulez notre aide, appelez-nous dans vos conseils, » fournit à M. Chamberlain l'occasion d'un mouvement pathétique. Oui, s'écrie-t-il, nous voulons votre aide, nous en avons besoin : « Le Titan fatigué chancelle sous le poids de sa destinée. » Il faut que ses enfants viennent le soutenir, le décharger un peu, et il sera trop heureux de prendre leurs avis. Divers projets ont été proposés en ce sens : représentation des colonies dans les deux Chambres ou l'une seulement, institution d'un Conseil fédéral. Le ministre les rappelle et se prononce pour ce dernier. « Si l'on désirait procéder graduellement, ce qui est probable, car nous sommes tous habitués à la lenteur avec laquelle s'est élaborée notre constitution, ce conseil pourrait être d'abord purement consultatif. » Peu à peu on lui donnerait des pouvoirs exécutifs et législatifs. Mais M. Chamberlain sent qu'il se laisse emporter trop haut : revenant à terre, il déclare qu'en l'état actuel, ce qui se rapproche le plus du Conseil fédéral rêvé, ce sont les conférences entre premiers ministres coloniaux, et il se félicite que le gouvernement de la Nouvelle-Zélande ait déposé une proposition tendant à leur donner une périodicité régulière.

S'étant ainsi imposé sur les questions politiques une réserve peu conforme à ses habitudes, le ministre des Colonies se montre plus pressant en ce qui concerne la défense impériale. Il signale l'énorme disproportion de charges qui existe entre la métropole et les colonies. La défense navale et militaire inflige à chaque Anglais une charge de 37 francs par fête, alors qu'un Canadien ne paie que 2 fr. 50, et un habitant de la Nouvelle-Zélande, le plus grevé des coloniaux, 4 francs. Il insiste sur la situation extraordinairement privilégiée où se trouvent les colonies par rapport aux pays indépendants de même population de l'Amérique du Sud ou de l'Europe, l'Argentine, la Hollande, les Etats des Balkans, la métropole assumant toutes les charges de leur défense. Pareille situation, naturelle quand les colonies étaient jeunes et pauvres, serait aujourd'hui « incompatible avec leur dignité. » Sans vouloir, du jour au lendemain, rétablir l'égalité des charges, il convient donc d'en atténuer l'excessive disproportion, et M. Chamberlain remercie encore la Nouvelle-Zélande d'avoir montré la voie en proposant la formation, dans chaque colonie, d'un corps de réserve impériale, astreint au service en dehors de la colonie en cas de besoin, ainsi que le renforcement et la modernisation de l'escadre déjà entretenue aux frais des colonies d'Australasie.

Sur les questions commerciales, M. Chamberlain s'exprimait plus nettement encore. En considérant l'état économique de l'Empire, on est, dit-il, frappé de deux grands faits : le premier, c'est que l'Empire pourrait produire tout ce qui lui est nécessaire, se suffire à lui-même, *might be self sustaining*. Et le second, « c'est qu'aujourd'hui l'Empire, et en particulier le Royaume-Uni, — qui est le grand marché du monde, — demande la plus grande partie des nécessités de son existence aux pays étrangers, et qu'il exporte la plus grande partie de ses produits encore vers des pays étrangers. Eh bien ! je le confesse, ce n'est pas là, à mes yeux, un état de choses satisfaisant, et vous tomberez d'accord avec moi, je l'espère, qu'il convient d'encourager cordialement tout ce qui peut tendre à augmenter les échanges entre les diverses parties de l'Empire. Ce que nous désirons, ce que le gouvernement de Sa Majesté a publiquement désigné comme le but vers lequel il serait heureux de diriger ses efforts, c'est le libre-échange à l'intérieur de l'Empire, *a free interchange*. Si vous ne pouvez accepter ce principe, alors nous vous demanderons : jusqu'à quel point pouvez-vous en approcher ? »

Si le jour du libre-échange inter-impérial n'est pas encore tout à fait venu, si les colonies ont besoin de recettes douanières, qu'elles maintiennent sur certains produits anglais quelques droits purement fiscaux, M. Chamberlain l'admettrait volontiers, surtout si, pour leur enlever tout caractère protecteur, elles frappaient les produits indigènes similaires de droits d'accise équivalents. Mais les tarifs préférentiels tels qu'on les pratique actuellement lui paraissent un leurre. La détaxe de 33 pour 100 accordée par le Canada aux marchandises britanniques laisse subsister encore des droits si élevés qu'elle a pu tout juste arrêter le déclin des importations de provenance anglaise, alors que les importations de provenance étrangère augmentaient sensiblement. Au contraire, les exportations du Canada vers l'Angleterre ont augmenté de 85 pour 100 depuis quinze ans, tandis que celles vers l'étranger ont diminué de 40 pour 100. Qu'en résulte-t-il, si ce n'est que le tarif douanier du Canada ne favorise nullement l'Angleterre, qui offre pourtant aux produits canadiens un débouché toujours croissant, mais que ce tarif est tout à l'avantage des pays étrangers, qui font leur possible pour les exclure ?

Une pareille expérience a éclairé la mère patrie et M. Chamberlain prévint les colonies que leurs concessions douanières ne pourraient être payées de retour que le jour où elles les feraient beaucoup plus larges, « où elles ouvriraient leurs marchés dans des conditions beaucoup plus équitables. » Jusque-là on les acceptera « avec plaisir et reconnaissance, » mais en échange on ne donnera rien.

Après avoir entendu ce discours, la conférence commença ses travaux. Elle tint dix séances ; en outre, de nombreux entretiens particuliers eurent lieu entre ses membres et les divers ministres britanniques sur les questions relevant de leurs départements respectifs. Dans ces délibérations générales ou particulières, les questions politiques ne tinrent presque aucune place : — Si vous voulez notre aide, appelez-nous dans vos conseils, avait dit M. Laurier. — Demandez-nous à y entrer, et nous vous accueillerons, répondait M. Chamberlain. — Les colonies ne demandèrent rien. On se borna donc à voter la périodicité des conférences, qui devront se tenir au moins tous les quatre ans, et à décider que, « dans la mesure où il est compatible avec le caractère secret des négociations des traités avec les puissances étrangères, le gouvernement impérial devrait s'informer des vues des colonies intéressées, afin que celles-ci se trouvent mieux en mesure d'adhérer auxdits traités. » Cela ne fait que consacrer l'usage suivi dès maintenant.

Les questions de défense impériale furent beaucoup plus

longuement discutées. Le secrétaire d'État à la Guerre fit ressortir, après M. Chamberlain, les sacrifices faits par la Grande-Bretagne : » Je ne crois pas, s'écria-t-il, qu'on puisse accuser une nation, qui entretient en permanence 110 à 120 000 hommes au dehors et est toujours prête à en envoyer encore autant s'il est nécessaire, de ne pas remplir son devoir de protection vis-à-vis des colonies. » Il montra combien il serait avantageux pour l'Empire que l'Australie et le Canada, plus rapprochés que la métropole de certains théâtres d'opérations éventuels, comme l'Inde ou la Chine, pussent en cas d'urgence y expédier rapidement des troupes. Il existe bien déjà 27 000 hommes de milices nominalement organisés en Australie, 38 000 au Canada, 17 000 en Nouvelle-Zélande, ce qui fait, en tenant compte du Cap et du Natal, plus de 100 000 hommes en tout. Mais que valent-ils ? D'après le rapport même de l'officier général commandant la milice canadienne, les corps recrutés dans les villes ne connaissent absolument rien des devoirs d'un soldat en campagne, et les corps ruraux « ne seront jamais mis en état de faire campagne, même passablement, avec les périodes d'instruction si limitées auxquelles ils sont soumis. » Des milices australiennes, on en pourrait dire à peu près autant, d'après des rapports autorisés. Tout ce que demande M. Brodrick, c'est qu'on prélève un quart de ces miliciens, qui seraient spécialement exercés, suivant un programme concerté entre les autorités militaires métropolitaines et coloniales, et astreints à servir même en dehors de leur colonie. « En admettant que ces réserves impériales soient en tout de 20 000 hommes, qui recevraient chacun 9 livres sterling par an, leur entretien ne coûterait que 4 millions et demi de francs et n'augmenterait pas de 50 centimes les charges, déjà si légères, que la défense de l'Empire fait peser sur chaque habitant des colonies. » La métropole serait d'ailleurs prête à supporter une partie de ces charges, pourvu que les « réserves impériales » fussent toujours à sa disposition sans qu'elle eût besoin de consulter les gouvernements des colonies où elles seraient levées.

A ces propositions, cependant modestes, toutes les colonies, sauf la Nouvelle-Zélande refusèrent d'adhérer. Le Cap et Natal arguèrent que l'énorme prépondérance de la population noire interdisait de dégarnir en aucun cas l'Afrique du Sud. Le Canada et l'Australie invoquèrent les principes du *self government*. « La meilleure voie à suivre, dirent leurs représentants, serait d'améliorer d'une façon générale l'instruction des milices en laissant à chaque colonie, lorsque le besoin s'en ferait sentir, le soin de déterminer comment et dans quelle mesure elle devrait assister la métropole… L'institution d'une réserve spéciale, mise à part pour le service général de l'Empire et soumise en fait au contrôle absolu du gouvernement impérial, soulève des objections de principe, comme dérogeant aux pouvoirs de *self government* dont jouissent les colonies ; en outre, elle aurait pour effet de nuire à l'amélioration générale de l'instruction et de l'organisation des forces de leur défense et de les rendre ainsi moins aptes à répondre à une demande de secours effectif. »

Les propositions relatives à la défense navale ne semblaient pas devoir soulever les mêmes objections : il ne s'agissait plus de donner au gouvernement métropolitain une autorité absolue sur des corps levés et stationnés aux colonies ; on leur demandait surtout de voter quelques subsides et de renoncer à stipuler que les vaisseaux entretenus sur ces fonds devraient toujours rester dans leurs mers. En un mémoire habilement rédigé, lord Selborne expliquait aux coloniaux les principes de la puissance et de la guerre maritimes. « La mer est une, c'est pourquoi la flotte britannique doit être une, concluait-il. Sa seule tache en temps de guerre doit être de chercher les navires ennemis où qu'ils se trouvent et de les détruire. En quelque lieu, en quelque mer que ces navires soient trouvés et détruits, c'est l'Empire entier qui sera défendu simultanément, dans son territoire, son commerce et ses intérêts. Si, au contraire, l'idée devait malheureusement prévaloir que le problème est un problème de défense locale et que chaque partie de l'Empire peut se contenter d'avoir un groupe de navires pour protéger séparément tel ou tel point en particulier, le seul résultat possible serait qu'un ennemi, qui ne serait pas tombé dans cette hérésie et aurait concentré ses flottes, attaquerait en détail et détruirait les escadres britanniques séparées, qui auraient défié la défaite si elles avaient été réunies. »

Les Australiens se rallièrent à ces idées, se déclarèrent prêts à porter à 5 millions leur subvention, tandis que la Nouvelle-Zélande élevait la sienne à un million. La zone d'évolution de l'escadre australienne était étendue à tout l'Océan Indien et à la plus grande partie de l'Océan Pacifique, à toutes les mers qui baignent l'Asie. De même, le Cap promit de fournir un subside annuel de 250 000 francs, Natal un autre de 875 000. La pauvre petite Terre-Neuve elle-même consacrera 75 000 francs à l'établissement d'une section de la *Réserve navale*. Mais les représentants du Canada se refusèrent à suivre ces exemples : « Ils tiennent à spécifier, dit leur *memorandum* [3], que leurs objections ne proviennent pas tant de la dépense éventuelle que de leur conviction qu'accepter ces propositions serait s'écarter gravement du principe du *self government* colonial. Le Canada attache un grand prix à la mesure d'indépendance locale qui lui a été accordée par les autorités impériales et qui a produit tant d'heureux effets, au double point de vue du progrès matériel du pays et du resserrement des liens qui l'unissent à la mère patrie… » De vagues promesses d'améliorer leurs milices, de chercher à utiliser les nombreux pêcheurs de leurs côtes pour former une réserve navale locale, voilà tout ce qu'on put obtenir d'eux. Le souci jaloux de leur autonomie remporte décidément chez eux sur le patriotisme impérial.

Plus ardents à réclamer des avantages à la métropole qu'à lui en accorder, les représentants des colonies ont voté à l'unanimité une résolution tendant à obtenir que des places soient réservées dans les écoles de cadets aux jeunes coloniaux désireux d'entrer dans l'armée ou la marine ; le ministre de la Guerre britannique a promis de faire son possible en ce sens, et des arrangements fermes ont déjà été conclus avec l'Amirauté pour réserver des places à l'Australie, à la Nouvelle-Zélande, au Cap et au Natal. Le Canada ne paraît pas en avoir demandé : ce serait sans doute encore trop de militarisme pour lui.

Ainsi tous les grands projets de *Kriegsverein* ont échoué devant l'égoïsme et les susceptibilités des grandes colonies ; l'échec complet du projet de constitution de réserves militaires impériales a été une amère déception pour les impérialistes.

La conférence n'allait-elle pas porter plus de fruits au point de vue commercial ? On aurait presque pu le craindre après avoir entendu M. Chamberlain déclarer si nettement que les tarifs de préférence, tels que les comprenaient les colonies, n'étaient pas suffisamment avantageux à la métropole pour que celle-ci accordât aucune protection douanière en retour. Ce n'est pas l'usage des colonies de donner sans recevoir. Elles se résignèrent pourtant à le faire cette fois, dans l'espoir d'être plus tard payées de leurs sacrifices. On adopta donc, après de longs débats, une résolution affirmant l'excellence du principe du commerce préférentiel, constatant d'autre part l'impossibilité, « dans la situation actuelle des colonies, » du libre-échange à l'intérieur de l'Empire, mais invitant les colonies qui ne l'avaient pas encore fait à accorder un « traitement de préférence substantiel » aux marchandises britanniques et ajoutant enfin : « que les Premiers ministres des colonies insistent respectueusement auprès du gouvernement de Sa Majesté sur ce qu'il serait expédient d'accorder dans le Royaume-Uni un traitement de préférence aux produits et manufactures des colonies, en les exemptant en tout ou en partie des droits déjà institués ou devant l'être plus tard. » En conformité avec cette résolution, les ministres canadiens promirent de maintenir pour l'ensemble des marchandises britanniques la détaxe générale d'un tiers et de favoriser plus encore certains articles, soit en diminuant les droits sur les produits britanniques, soit en les augmentant sur les produits étrangers, soit enfin en taxant certains produits étrangers qui entraient jusqu'ici en franchise. Les Australiens se sont simplement engagés à faire bénéficier la mère patrie d'un tarif de préférence sans le spécifier davantage. La Nouvelle-Zélande doit réduire de 10 pour 100 les droits sur toutes les importations de la Grande-Bretagne et leur concéder certains avantages supplémentaires, à l'instar du Canada. Enfin, le Cap et Natal doivent accorder à la métropole un privilège général de 25 pour 100, en élevant d'autant les droits qui frappent les marchandises étrangères, quelques articles spéciaux exceptés.

Il va de soi que tous ces engagements sont pris sous réserve de la ratification des Parlements coloniaux, qu'il ne faudrait pas se hâter de considérer comme acquise, étant donné surtout que la métropole n'accorde encore en retour aucun traitement de faveur. Il est bien certain que les colonies n'accepteront pas longtemps ce système de concessions unilatérales. Les représentants du Canada se sont chargés de le signifier avec leur netteté ordinaire dans un nouveau *memorandum*. « Les ministres canadiens, y est-il dit, ont décidé de soumettre à la conférence une résolution affirmant le principe de la préférence commerciale et l'urgence de son adoption par les colonies en général, et exprimant aussi que, selon l'opinion des Premiers coloniaux, le gouvernement de Sa Majesté devrait réciproquement accorder un traitement de préférence aux produits des colonies. Les ministres canadiens désirent qu'il soit bien compris qu'ils agissent ainsi dans le vif espoir et dans l'attente (*in the strong hope and expectation*) que le principe de la préférence commerciale sera plus largement accepté par les colonies, et que la mère patrie appliquera ce principe, un jour prochain, en exemptant de droits de douane les produits coloniaux. Si, après avoir fait tous ses efforts pour amener cette réforme de la politique fiscale de l'Empire, le gouvernement canadien venait à se convaincre que le principe de la préférence commerciale ne peut être accepté par les colonies en général où par la mère patrie, le Canada aurait le droit de prendre les mesures qu'un tel état de choses lui ferait juger nécessaires [4]. »

Ainsi l'Angleterre ne pourra jouir longtemps des avantages du libre-échange chez elle et de la protection dans ses colonies. Elle devra choisir, et, si elle choisit la protection, ses colonies l'entraîneront loin. Nous ne ferons que citer la résolution de la conférence [5] déclarant que, « dans tous les contrats passés soit par le gouvernement impérial, soit par les gouvernements coloniaux, il est désirable qu'autant que possible les produits de l'Empire soient préférés aux produits étrangers. » Plus grave est la résolution qui reproduit, en l'adoucissant un peu, une motion de M. Seddon et attire l'attention des gouvernements coloniaux et métropolitain « sur l'opportunité qu'il pourrait y avoir à refuser le droit de cabotage, y compris la navigation entre le Royaume-Uni et les colonies, ou entre une colonie et une autre, aux navires des pays qui réservent ce genre de navigation à leurs bâtiments nationaux, et sur les lois affectant la navigation en général, afin d'examiner si d'autres mesures ne pourraient être prises pour favoriser le commerce impérial sous pavillon britannique. » L'une de ces mesures, la conférence se hâte de l'indiquer dans une autre résolution qui invite les gouvernements à réviser les contrats des divers services postaux, en raison de l'extension prise à l'étranger par le système des primes et à insérer dans tous les nouveaux contrats des clauses « prohibant les frets excessifs et surtout toute préférence en faveur d'étrangers. »

Du commerce et de la navigation, le protectionnisme s'étend à la finance. Le gouvernement australien aurait désiré que la métropole réduisît les droits de timbre qui atteignent les titres d'emprunts coloniaux et les rendît plus légers que ceux dont sont frappés les fonds d'Etats étrangers. Les colonies sont grandes emprunteuses, et ce privilège fiscal, insinuait sir Edmund Barton, serait une manière de payer de retour le traitement de faveur qu'elles accordent au commerce de la métropole.

Privilèges douaniers et fiscaux, résurrection de l'acte de navigation, protectionnisme intégral en un mot, et, avec le protectionnisme, son compagnon habituel, l'étatisme, qui se manifestait à la conférence dans une motion tendant à l'établissement par le gouvernement de nouveaux câbles télégraphiques, voilà ce que l'impérialisme colonial voudrait acclimater sur la terre classique du *laissez-faire* et du *laissez-passer*. Voilà à quoi l'Angleterre devra se résoudre, si elle veut que durent et se développent les seuls résultats qu'ait obtenus la conférence coloniale de 1902.

Section IV

Quand le *Livre Bleu* de la conférence a paru, les impérialistes anglais n'ont pas dissimulé leur déconvenue : « Le tableau des résolutions et des résultats, écrivait le *Times* au lendemain de la publication de ce document, frappera peut-être le lecteur par sa maigreur et l'absence de conclusions. » La désillusion est d'autant plus complète que l'on ne peut guère compter trouver jamais de moment plus favorable : quand, au lendemain des enthousiasmes de la guerre sud-africaine, et malgré l'impulsion énergique de M. Chamberlain, on voit les colonies se montrer si réfractaires au programme politique et militaire de l'impérialisme, si réservées même dans leur adhésion à son programme commercial, il est difficile d'espérer qu'elles s'y rallient jamais pleinement. Certes, l'histoire apprend qu'il n'est guère de grand mouvement politique ou social devant lequel ne surgissent des obstacles, lorsque de la phase de l'idéal on veut passer à celle du réel : ni la confédération américaine, ni l'unité allemande, ni l'unité italienne n'ont échappé à ces épreuves. Mais souvent, en pareil cas, les difficultés viennent de gouvernants à courte vue, effrayés des troubles de la période de transition ou se refusant aux sacrifices d'amour-propre qu'exigerait la substitution d'une grande unité nationale à la juxtaposition de petits Etats, tandis que l'âme des masses aspire d'instinct à cette unité, qui se réalise enfin le jour où des hommes d'Etat vraiment supérieurs savent en comprendre la haute utilité et briser tous les obstacles. En est-il ainsi pour l'impérialisme et son idéal, la fédération de l'Empire britannique ?

Il semble que ce soit précisément le contraire, et que les peuples des colonies y soient beaucoup moins portés que leurs politiciens. Au Canada, se produit en ce moment même une réaction très vive en faveur du protectionnisme ; les industriels, dont le nombre a beaucoup augmenté durant la période d'extraordinaire prospérité dont jouit l'Amérique du Nord depuis cinq ans, ne se soucient pas d'être sacrifiés à ceux de la métropole ; ils sont appuyés par leurs ouvriers ; l'opinion prête l'oreille à ces plaintes et, si M. Laurier persiste à vouloir faire ratifier par le Parlement les détaxes qu'il a fait espérer à la métropole, il est à craindre que son parti ne soit mis en minorité aux prochaines élections et que tout l'édifice du tarif préférentiel ne soit emporté. A côté du Canada, Terre-Neuve vient de conclure avec les Etats-Unis un traité de réciprocité commerciale par lequel elle leur accorde des réductions de droits de douane et s'interdit de concéder à quelque pays que ce soit, fût-ce à la métropole, un traitement plus favorisé : c'est la négation même de l'impérialisme. En Nouvelle-Zélande, enfin, M. Seddon n'a pas été reçu très chaleureusement par quelques-uns de ses anciens amis. M. Seddon et la Nouvelle-Zélande, si ardents qu'ils puissent se montrer aujourd'hui, sont, du reste, pour l'impérialisme, de bien incertains appuis. Le temps n'est pas encore si loin où l'excellent Dick, déjà premier ministre, voulant obliger le gouverneur, lord Glasgow, à nommer membres du Conseil législatif (ou Sénat) certains agitateurs ouvriers, et rencontrant quelque résistance, déclarait tout de go, aux applaudissements de son parti « qu'une pareille attitude affaiblissait les liens qui unissent la colonie à l'Angleterre. » A la première velléité d'ingérence du dehors, — et n'y en aurait-il pas nécessairement si le conseil fédéral rêvé par M. Seddon se constituait ? — notre homme tiendrait de nouveau le même langage et se transformerait peut-être en champion du séparatisme.

C'est en Australie toutefois qu'ont eu lieu, depuis la conférence, les faits qui caractérisent le mieux l'attitude des colonies envers l'impérialisme. On sait l'exclusivisme du parti ouvrier australien, dont la puissance est d'autant plus grande qu'il peut à son gré faire passer la majorité parlementaire des libre-échangistes aux protectionnistes, qui se disputent le pouvoir dans les Chambres du *Commonwealth*. Il ne se contente pas de vouloir une « Australie blanche » et, pour réaliser cet idéal, d'expulser les engagés polynésiens qui cultivent les plantations de cannes du Queensland, quitte à ruiner cette colonie où le climat tropical ne permet pas aux blancs le travail de la terre ; de protester aussi contre l'emploi sur les navires de la *Péninsulaire et Orientale* des *lascars* hindous : il veut l'Australie aux Australiens, la considère comme un monopole pour ceux qui l'habitent déjà et a fait voter des lois draconiennes contre l'immigration des Européens, sujets britanniques compris. Un incident, banal par lui-même, de l'application de ces lois a fait scandale jusqu'en Angleterre au mois de décembre dernier : six ouvriers chapeliers anglais se sont vu refuser le droit de débarquer à Sydney, sous prétexte qu'ils étaient engagés d'avance dans un atelier et que la loi interdit l'entrée de personnes ayant signé un contrat de travail. Ainsi, une loi de l'Australie permet d'en exclure des citoyens anglais sans qu'il soit allégué contre eux aucune tare physique ou morale : voilà comment agit cette colonie, dont les représentants à la conférence avaient pourtant voté une motion de M. Seddon, demandant que les membres des professions libérales et scientifiques (médecins, avocats et autres), ayant satisfait aux conditions exigées pour l'exercice de leur profession en un pays quelconque de l'Empire, eussent le droit, par cela même, de l'exercer dans les nouvelles colonies sud-africaines. Y aurait-il donc une mesure pour certains bourgeois et une autre pour les ouvriers ? Ou voudrait-on se faire accorder chez autrui ce qu'on ne veut pas accepter chez soi ? Etrange conduite, à coup sûr, que les journaux anglais ont vertement relevée et qu'ils ont même taxée de séparatisme.

Ils ont eu de plus graves sujets de plainte encore. Les représentants de l'Australie avaient accepté à la conférence le programme naval que leur avait proposé la métropole, sous la réserve habituelle de l'assentiment de leur Parlement. Quel accueil ces projets ont-ils reçu aux antipodes ?

« Le peuple australien, dit le plus influent journal de Melbourne, *The Age* [6], considère avec la plus grande défiance le nouveau projet d'arrangement, en vertu duquel l'escadre auxiliaire australienne, entretenue aux frais de la Fédération, pourrait lui être enlevée à l'heure du danger pour être employée à des opérations de haute stratégie navale en pleine mer, peut-être à des milliers de milles de distance... Dans l'ancien arrangement conclu en 1887, il était stipulé que l'escadre auxiliaire ne devait pas sortir des limites de la station navale australienne, si ce n'est avec l'assentiment de tous les gouvernements coloniaux qui contribuaient à son entretien. Le nouveau projet supprime entièrement cette salutaire sauvegarde et ouvre cette perspective qu'après avoir dépensé des millions pour avoir une flotte à Sydney en temps de paix, les Australiens risquent de se réveiller en temps de guerre pour trouver leurs côtes dépourvues de défenses navales. Les nouvelles dispositions, si elles sont ratifiées, confondront absolument l'escadre australienne dans la marine britannique. La seule atténuation qu'on propose *au caractère impérialiste et anti-australien de ce programme*, c'est la stipulation, tout à fait inapplicable, qu'un navire de l'escadre serait monté par des Australiens dont la solde serait plusieurs fois supérieure à celle des marins anglais...

« *Mais une objection plus fondamentale à cet arrangement, c'est qu'il tend à imposer au peuple australien une taxation sans représentation.* On lui prendra pendant dix ans 2 millions sterling, sans donner à la Fédération la moindre voix au chapitre pour déterminer la manière dont cet argent sera dépensé. L'abrogation de la clause exigeant l'assentiment du ministère australien pour faire sortir l'escadre auxiliaire des eaux australiennes, enlève à la volonté du peuple australien toute action sur les affaires navales, remet entièrement le contrôle de la défense navale de l'Australie entre les mains des lords de L'Amirauté... A la conférence, sir Wilfrid Laurier a refusé tout net d'adhérer à des propositions de défense du type impérialiste. C'est que, plus clairement que les autres premiers ministres, il a reconnu, lui, que le véritable motif de la convocation de la conférence, c'était d'obtenir des contributions des coloniaux, sans leur donner en retour aucune part d'autorité ni sur les forces navales, ni sur les forces militaires de l'Empire. »

Ainsi l'impérialisme militaire n'est, aux yeux d'une grande partie de l'opinion australienne, qu'une entreprise égoïste de la Grande-Bretagne pour extorquer aux colonies des fonds qu'elle dépenserait dans son seul intérêt, sans les consulter le moins du monde. Les affirmations de l'*Age*, sont corroborées par une lettre qu'écrit au *Times* lord Carrington, ancien gouverneur de la Nouvelle-Galles lorsque fut adopté l'arrangement de 1887 : jamais, dit le noble lord, cet arrangement n'eût été voté sans la clause restrictive qu'il comporte, et il ajoute que, selon lui, sir Wilfrid Laurier a touché la fibre sensible de l'opinion coloniale en se refusant à entrer dans aucune combinaison militaire.

Il ne sert de rien que le *Times*, stupéfait et navré de l'article de l'*Age*, explique doctement aux coloniaux l'absurdité de leurs conceptions de stratégie maritime. C'est un principe plus élevé qui est en jeu, puisque l'on fait entendre ce cri : « Pas de taxation sans représentation ! » au son duquel l'Angleterre a déjà perdu un premier empire colonial. Le *Times* tente bien de démontrer aux Australiens que leur droit ne sera pas plus violé que celui des contribuables de la métropole. « Le contribuable du Royaume-Uni, dit-il, ne peut pas plus contrôler en fait l'emploi des 15 shillings par tête qu'il verse pour la défense navale que le contribuable australien ne pourra contrôler l'emploi de son modeste et unique shilling. Les représentants de l'un et de l'autre votent le crédit et l'Amirauté en dispose… » mais le *Times* oublie une différence essentielle : c'est que le Parlement anglais peut renverser le ministre de la Marine, si la gestion de ce ministre lui paraît mauvaise, et que le Parlement australien ne le peut pas : l'Amirauté est responsable devant le premier, non devant le second. Le raisonnement des coloniaux ne paraît pas si faible que le prétendent leurs contradicteurs.

Le serait-il, d'ailleurs, il n'en resterait pas moins qu'ils font ce raisonnement, qu'ils se croient lésés, et c'est là ce qui est grave. En tout ce qui tient profondément au cœur des peuples comme des hommes, il ne suffit pas de savoir si leurs droits où leurs intérêts sont atteints, il faut surtout savoir s'ils les croient atteints. Ce n'est pas tel fait en lui-même qui détermine leurs sentiments et leurs actes, c'est l'opinion, vraie ou fausse, qu'ils s'en font. Quand les coloniaux auraient cent fois tort de croire leurs libertés menacées par les combinaisons navales, militaires, ou autres, de l'impérialisme, c'est assez qu'ils le croient, pour qu'ils conçoivent contre elles autant d'hostilité que si elles portaient réellement atteinte à leurs franchises.

Une question se pose maintenant : si les colonies sont si jalouses de n'être pas taxées sans être représentées, pourquoi donc n'acceptent-elles pas cette institution d'un Conseil impérial que M. Chamberlain leur a proposée en 1897 et en 1902 ? La réponse est simple. Toutes les manifestations de l'opinion coloniale que nous avons passées en revue, à la conférence comme au dehors, montrent qu'elles craignent par-dessus tout la moindre restriction de leur autonomie. Elles ne veulent pas qu'une autorité extérieure, quelle qu'elle soit, se fasse directement ou indirectement sentir chez elles. Or, dans tout conseil fédéral, chaque colonie serait en faible minorité, si même elles n'y étaient toutes ensemble, car elles n'ont, réunies, que 11 millions d'habitants, tandis que les Iles britanniques en ont quarante et un. Consultatif au début, si l'on veut, le Conseil fédéral ne le resterait pas éternellement, tout le monde l'admet. Il pourrait donc arriver, il arriverait nécessairement quelquefois que la majorité vote, contre l'avis d'une colonie, des mesures qui auraient un contrecoup, peut-être considérable, sur les affaires intérieures de cette colonie. Or, c'est cela que les colonies ne veulent pas. Intervention de la métropole seule ou intervention de tout le reste de l'Empire, c'est toujours une intervention extérieure, et elles n'entendent pas en subir.

Elles savent que, dans toute fédération qui dure, le pouvoir fédéral tend à se développer au détriment des pouvoirs locaux. Elles savent que la distinction des affaires d'intérêt commun, dévolues au gouvernement fédéral, et des affaires intérieures de chaque Etat, province ou colonie est en partie théorique ; que le règlement des premières influe souvent beaucoup sur les autres. Les décisions du pouvoir fédéral en matière de défense militaire et navale, de droits de douane, d'immigration, entraîneraient des bouleversements profonds dans la législation intérieure, dans le système fiscal, économique, social même des colonies. L'Australie en a des exemples par sa propre fédération, qu'elle ne referait peut-être pas aujourd'hui. A plus forte raison n'adhérera-t-elle pas à une fédération impériale dont la première conséquence, en modifiant son tarif douanier et ses lois sur l'immigration, serait sans doute de porter atteinte à ce socialisme d'Etat dont elle est, — à tort ou à raison, — si fière.

On peut dresser en quelques lignes le bilan de la situation actuelle des colonies, des avantages et des inconvénients qu'elle offre relativement à l'indépendance : au passif, certaines restrictions à leur autonomie, faibles sans doute, mais réelles et dont elles s'exagèrent l'importance ; à l'actif, la protection de la flotte britannique, qu'elles n'estiment peut-être pas tout à fait à sa valeur. L'actif, à leurs yeux, compense à grand'peine, et de moins en moins complètement, le passif. Or, que résulterait-il de l'impérialisme ? Une augmentation du passif, puisque les pouvoirs fédéraux apporteraient nécessairement à l'autonomie locale de bien plus grandes restrictions que ne le fait la métropole ; et une diminution de l'actif, puisqu'il faudrait se charger de subvenir soi-même à une partie des frais de cette flotte, qui ne coûte rien aujourd'hui. La rupture de l'équilibre serait complète. Comment s'étonner que les colonies, dont l'esprit est, avant tout, pratique, refusent de conclure si détestable marché ?

Comme le disait un correspondant du *Times*, lui écrivant à l'occasion de l'article de l'*Age* de Melbourne que nous avons cité, les colonies n'ont aucune raison de contribuer à l'entretien de la flotte tant qu'elles sont sûres que celle-ci les défendra, même si elles ne paient rien. Le seul argument qui pût les y amener serait celui dont les citoyens de chaque pays usent vis-à-vis d'eux-mêmes pour se persuader de faire les frais d'une armée et d'une marine : « Vous ne serez pas en sécurité, si vous ne payez pas. » Pour l'employer, la mère patrie devrait leur refuser l'appui de sa flotte, si elles ne voulaient assumer une proportion raisonnable de ses charges. Mais l'emploi d'un tel argument ne risquerait-il pas d'être aussitôt suivi d'une déclaration d'indépendance ? Une colonie, et la plus importante, se trouve d'ailleurs dans une position toute particulière : c'est le Canada. Elle pourrait se passer de la protection de la Grande-Bretagne, car la doctrine de Monroe la défendrait suffisamment si elle était indépendante. Il est vrai que cette doctrine ne la protégerait pas contre les Etats-Unis eux-mêmes. Non que ceux-ci méditent aucune entreprise violente ; mais le long et mince chapelet de provinces qui s'étend sur 1 200 lieues de long entre la frontière de l'Union et les terres glacées du Nord n'a pas assez de cohésion pour résister, s'il est livré à lui-même, à l'attraction de ses voisins du Midi. Les Canadiens le sentent ; et ils sentent aussi que, dans l'Union, leur autonomie, leur liberté d'allures serait moins entière que dans l'Empire britannique actuel ; les Canadiens français, surtout, craignent que leur nationalité ait peine à se maintenir, une fois confondue dans cette énorme masse. Mais cette liberté d'allures, les Canadiens la doivent à ce que l'Empire britannique n'est pas une fédération. Le jour où il leur faudrait y renoncer, où il faudrait faire partie d'un Etat fédéral, n'aimeraient-ils pas mieux se tourner du côté des Etats-Unis, avec lesquels ils ont bien plus d'affinité, qui les envahissent d'ailleurs rapidement aujourd'hui de leurs capitaux et de leurs immigrants, qui leur imposeraient moins de charges militaires, qui ne les entraîneraient pas, en tout cas, dans des guerres dont l'objet leur serait complètement étranger ? Les Canadiens français eux-mêmes ne préféreraient-ils pas cette union à une union trop étroite avec la Grande-Bretagne, car l'impérialisme voit d'un mauvais œil les éléments allogènes ? Il l'a montré à Malte, où il a persécuté la langue italienne ; il le montre dans l'Afrique australe ; et l'on a lu, pendant la guerre, dans les journaux anglais, des lettres dont les auteurs regrettaient qu'on eût laissé la langue française se perpétuer sur le Saint-Laurent.

Quand on compare la fédération de l'Empire britannique à la formation d'autres unités nationales, on oublie trop que les lois mêmes qui ont présidé à cette formation amèneraient l'union du Canada non pas à l'Angleterre, mais aux Etats-Unis. Or, le Canada séparé, c'est le cercle de terres britanniques qui entoure le globe, brisé ; c'est l'Empire profondément déchiré. On oublie aussi que la distance et l'absence de contiguïté sont, malgré les progrès des communications, des obstacles à une union durable et surtout étroite. L'Union américaine aurait-elle duré, aurait- elle pu être rétablie, après sa rupture en 1860, si une vaste étendue de mer avait séparé les États du Nord des États du Sud ? L'unité allemande se serait-elle faite, si la Bavière avait été séparée de la Prusse par la mer ? Et d'ailleurs, l'Union américaine, l'unité allemande, l'unité italienne apparaissaient comme le seul moyen pour ces pays de se préserver des entreprises conquérantes de puissants Etats voisins. Les colonies britanniques, déjà protégées par l'Angleterre, ne jugent pas utile de se fédérer pour atteindre ce but, et, ce faisant, elles jugent sainement, le Canada surtout. L'Australie elle-même, nous l'avons dit, ne croit pas la protection de l'Angleterre aussi nécessaire peut-être qu'elle l'est réellement. Toutes les colonies préfèrent le *statu quo* à l'impérialisme, aujourd'hui que, les fumées de l'enthousiasme dissipées, elles en distinguent les traits véritables.

Toute leur évolution s'est faite dans le sens d'une autonomie de plus en plus grande, et elles n'ont aucune raison décisive de revenir en sens contraire. Leur idéal politique n'est pas de s'unir plus étroitement à la mère patrie, mais plutôt de relâcher de plus en plus les liens, sans les couper cependant tout à fait, de jouir de leur entière indépendance intérieure et extérieure, tout en restant protégées par l'Angleterre contre les entreprises du dehors, d'instituer une sorte de doctrine de Monroe de l'Empire britannique, où la Grande-Bretagne jouerait le rôle des Etats-Unis et elles-mêmes celui des autres Républiques américaines. Elles oublient que la Grande-Bretagne ne jouit pas de l'invulnérabilité des États-Unis et n'en peut avoir la liberté d'allures.

Une chose vient pourtant attirer les colonies vers l'impérialisme, c'est l'espoir de se voir accorder des privilèges sur le marché de la métropole ; elles en attendent tant de profits qu'elles seraient prêtes, pour y parvenir, à de réels sacrifices, — qu'elles regretteraient sans doute bientôt. Si l'on pouvait inscrire à l'actif de leur situation nouvelle un traitement de faveur aux douanes anglaises, elles accepteraient de porter au passif une augmentation de charges militaires, voire les quelques restrictions supplémentaires à leur *self government* que comporterait l'établissement de la fédération impériale. Celle-ci se ferait donc peut-être, — quitte à se rompre plus tard, — si l'Angleterre acceptait de devenir protectionniste.

Section V

M. Chamberlain est donc logique en la conviant à cette révolution. Mais y est-elle vraiment prête ? On ne satisfera pas les grandes colonies, remarquons-le, en leur accordant quelques réductions sur le thé, le café, le vin, les spiritueux, le tabac que taxait seule, hier encore, la douane britannique et qui ne forment qu'une part infime de leurs exportations. Le gros de celles-ci se compose d'articles qui entrent en franchise dans le Royaume-Uni, quelles que soit leur provenance, et qu'il faudrait taxer dorénavant quand ils viendraient de l'étranger. Ce sont tous les produits alimentaires : grains, viandes, lard et jambon, beurres, fromages, œufs ; puis des matières premières, comme les cuirs et peaux. Peut-être même, car la protection appelle la protection, faudrait-il protéger plus tard la laine, pour laquelle la concurrence de l'Argentine pourrait devenir redoutable ; le coton aussi, que l'Empire britannique ne produit pour ainsi dire pas (sauf l'Inde qui n'a pas voix au chapitre), mais que l'Australie et l'Afrique du Sud seraient susceptibles de cultiver un jour.

Tenons-nous-en aux articles d'alimentation. L'Angleterre, on le sait, fait venir du dehors presque toute sa nourriture. Elle importe bon an mal an 160 millions sterling de produits alimentaires affranchis de tout droit de douane, plus 10 millions sterling d'animaux vivants : c'est en tout 4 milliards 250 millions de francs, plus de 100 francs par tête. Supposons qu'on frappe ces articles d'un droit moyen de 10 pour 100, qui serait modeste, et vite dépassé. C'est 50 francs que chaque ménage anglais ayant trois enfants devra dépenser de plus pour sa nourriture afin d'augmenter les profits des producteurs coloniaux. Croit-on que la population anglaise supportera pareil prélèvement sur ses salaires ? Les agriculteurs, les ruraux, dira-t-on peut-être, seront satisfaits de la nouvelle taxe ; mais combien sont-ils ? Sur 100 Anglais, 23 habitent la campagne et 77 les villes ; c'est l'opinion de ceux-ci qui prévaudra. Or, ces habitants des villes qui sont, comme tous les Anglais, gens de tradition et de compromis, souffrent bien qu'on donne de temps en temps aux agriculteurs, comme on l'a fait déjà plusieurs fois, quelque os à ronger sur les fonds du budget national, tant que leur propre budget ne s'en trouve pas lourdement chargé. Mais, qu'on relève les prix de toutes les denrées alimentaires, qu'on porte une atteinte grave à cette *free breakfast table*, dont l'ouvrier anglais s'est depuis si longtemps habitué à jouir, et l'on provoquera dans les masses profondes de la démocratie britannique une agitation qui balaiera comme un fétu l'impérialisme protectionniste. Le modique droit de douane dont on a frappé le blé l'année dernière, non dans un but de protection, mais seulement pour procurer des ressources au Trésor, n'a-t-il pas déjà soulevé un vif mécontentement, dont témoigne toute une série d'élections partielles où les libéraux, se posant en adversaires du pain cher, malgré la désorganisation de leur parti, malgré les accusations de *Little Englandism* qu'on leur a prodiguées, ont enlevé maintes positions occupées hier encore par les amis ultra-impérialistes du gouvernement ? Tout le mouvement de l'opinion depuis un an prouve qu'entre les facilités de vie données par le libre-échange et l'impérialisme chauvin, l'Angleterre choisirait les premières. Tant qu'on s'est borné à des discussions académiques sur les mérites du libre-échange et de la protection, le peuple a laissé dire ; le jour où il verrait, avec la liberté du commerce, la vie à bon marché sérieusement menacée, il se lèverait en masse. Si habile et si heureux qu'ait été jusqu'ici M. Chamberlain, il semble bien improbable qu'il réussisse à entraîner l'opinion au protectionnisme. Non seulement l'opposition, mais une importante fraction du parti au pouvoir, ont accueilli ses déclarations avec un étonnement hostile, et son ambition paraît sur le point de déterminer un schisme dans le parti conservateur, comme elle l'a fait jadis dans le parti libéral. Aux colonies même, en Australie surtout, où l'on se rend compte aujourd'hui des entraves que l'impérialisme mettrait à l'autonomie, il semble que ces paroles retentissantes n'aient pas produit l'effet qu'attendait leur auteur.

Ce n'est pas seulement toute la démocratie des villes, tous les ouvriers, c'est aussi la bourgeoisie, presque tous les industriels, tous les commerçants, que léserait l'établissement en Angleterre d'un régime protectionniste. Le fait est si évident que nous osons à peine y insister. Le coût de la vie augmenterait ; par suite, le taux des salaires se relèverait graduellement, sinon dès le premier jour ; le prix de certaines matières premières que frapperaient aussi des droits de douane renchérirait en même temps ; ainsi les prix de revient augmenteraient et, avec eux, les prix de vente, ce qui ferait perdre à l'industrie anglaise, talonnée par la concurrence étrangère, un certain nombre de débouchés, tandis que d'autres seraient fermés par les surtaxes douanières, que ne manqueraient pas d'infliger aux produits britanniques, en guise de représailles, les pays lésés par la protection accordée aux colonies. Aux 1 200 millions que le Royaume-Uni exporte dans ses colonies autonomes on sacrifierait ainsi les 4 milliards et demi qu'il envoie à l'étranger et tout le fructueux commerce de réexportation que l'Angleterre doit à la liberté commerciale qui en fait le grand entrepôt du monde. Il s'écoulerait longtemps avant que ces colonies avec leurs 11 millions d'habitants blancs augmentent assez leur consommation de produits britanniques pour compenser les pertes subies sur les marchés extérieurs, bien plus vastes et dont la population s'accroît au moins aussi rapidement.

Ainsi l'impérialisme, qui ne pourrait réaliser son but qu'en rétablissant le protectionnisme, préparerait la ruine, et non le relèvement de la puissance économique de la Grande-Bretagne.

C'est, à vrai dire, une conception tout à fait erronée, et non seulement au point de vue économique, mais au point de vue militaire, au point de vue politique, que celle qui fait de l'impérialisme un moyen, pour l'Angleterre, de s'adapter au monde transformé du XXe siècle, de façon à y retrouver le degré de puissance qu'elle avait au milieu du XIXe. Un tel but est chimérique. Nous ne voudrions pas prononcer ici le mot de décadence en parlant de nos voisins d'outre-Manche. On l'a fait trop souvent, et trop tôt. Il y a cinquante ans, Ledru-Rollin a écrit un livre sur la décadence de l'Angleterre au début de la période la plus brillante de son histoire ; mais enfin, aujourd'hui, s'il n'y a pas, à proprement parler, décadence de l'Angleterre, il y a un déclin relatif de sa puissance. Les raisons en sont profondes, quoique simples, et l'impérialisme n'y peut rien.

La grandeur de l'Angleterre a une double base : sa richesse économique et sa puissance maritime, intimement liée à sa situation insulaire. La première n'a pas décru, mais autour d'elle sont nées des rivales. La houille et le fer sont comme le sang et les muscles de l'industrie moderne. La Grande-Bretagne en produit plus que jamais : de 67 millions de tonnes en 1857, sa production houillère est passée à 123 millions en 1872, à 220 millions en 1901 ; mais, en 1857, cette production représentait 54 pour 100 de celle du monde entier ; en 1872, 49 pour 100 ; en 1901, 30 pour 100 à peine. En 1877, il sortait des hauts fourneaux britanniques 6 700 000 tonnes de fonte de fer, 47 pour 100 de la production du globe ; en 1901, le chiffre s'élevait à 9 millions de tonnes, mais la proportion tombait à 22 pour 100. En 1860-1861, les filatures du Royaume-Uni consommaient 2 millions de balles de coton ou 48 pour 100 de la consommation du monde civilisé ; en 1901-1902, elles absorbaient 3 253 000 balles, beaucoup plus que quarante ans plus tôt, mais seulement 23 pour 100 de la consommation actuelle du monde ; et ainsi des autres industries. Pour les trois plus fondamentales, que nous venons de citer, l'Angleterre est aujourd'hui dépassée par les Etats-Unis, qui commencent à lutter avec elle sur les marchés du dehors, et serrée d'assez près par l'Allemagne. Voilà pourquoi sa puissance économique n'est plus la même qu'autrefois ; de par la nature, elle n'est plus, elle ne sera plus jamais la seule grande nation industrielle, elle ne sera même plus la première. Quant à ses colonies, une seule paraît susceptible d'être un grand pays industriel, le Canada, et ce sont les Américains qui, par la force des choses, le mettent en valeur.

Au point de vue maritime, les Anglais sont encore, de très loin, les premiers. Leur flotte commerciale comprend plus de la moitié des navires du monde et la proportion ne décroît que lentement ; leur flotte de guerre est incomparablement plus forte que toute autre. Toutefois, le jour où les Etats-Unis voudraient se construire une marine semblable, il est clair qu'ils le pourraient, bien que le recrutement du personnel dût leur donner quelque peine ; mais cette question est inquiétante en Angleterre même. Les marines européennes se développent aussi. A mesure qu'elle descend de son piédestal industriel et qu'elle tombe à un rang inférieur au point de vue de la population, la prééminence maritime de l'Angleterre doit être peu à peu menacée.

Il lui reste sa situation insulaire, qui lui permet de consacrer toutes ses forces à l'empire de la mer ; mais celui-ci ne suffit plus à protéger ses colonies. Tant que celles-ci n'étaient pas en contact terrestre avec des groupes de population puissants ; qu'elles ne pouvaient être attaquées que par mer, la puissance maritime suffisait à les défendre. Aujourd'hui, les Etats-Unis peuvent atteindre par terre le Canada ; la Russie peut de même arriver à l'Inde ; si la France savait utiliser sa merveilleuse situation en Afrique, elle pourrait, de sa forteresse de l'Algérie-Tunisie, menacer toutes les colonies anglaises de l'ouest du continent noir. La maîtrise de la mer ne met donc plus l'Empire britannique à l'abri de toute attaque ; sa situation s'en trouve beaucoup plus précaire.

Dans les transports de l'impérialisme, les Anglais s'appliquent volontiers le vers dédié aux Romains :

Tu regere imperio populos, Romane memento,

Mais ils sont moins sages que les fondateurs de la puissance romaine. Dans leurs succès, dans la chute des empires rivaux, ils ne puisent que des motifs d'orgueil. Plus philosophe, le deuxième Scipion, songeant à sa patrie devant la destruction de Carthage répétait mélancoliquement ces vers d'Homère :

(GREC)

« Un jour aussi viendra où tombera Troie la cité sainte et le peuple invincible de Priam. »

Est-ce à dire que l'Empire britannique soit voué à la ruine ? Ce serait bien s'avancer ; mais il la précipiterait assurément en s'abandonnant à l'impérialisme chauvin, qui poursuit l'impossible restauration d'une primauté disparue. En reniant ses principes, et c'est à cela que le mène l'impérialisme, il détruirait sa raison d'être ; en voulant trop resserrer ses liens, il les ferait éclater ; en se montrant agressif et violent, il provoquerait contre lui de redoutables coalitions ; en s'isolant du monde par des barrières douanières, il tarirait les sources de sa puissance économique, qui est elle-même la base de sa grandeur politique. S'il revient, au contraire, à cette politique libérale, si décriée, mais qui, en réalité, a fait l'Empire, parce qu'en donnant aux colonies l'autonomie la plus large, elle les a empêchées de viser à l'indépendance, il peut durer longtemps, et le monde devra s'en réjouir, comme sa métropole elle-même, car il continuera de représenter alors la grande force libérale et civilisatrice qu'il avait été jusqu'ici.

Notes

1. Datée du 13 août 1852, citée dans la Quarterly Review de juillet 1902 : The colonial Conference ; p. 316.

2. Oceana ; édition de 1894 ; Longmans, Green et Cie, à Londres, p. 5.

3. Blue Book de la Conférence coloniale, p. 73.

4. Blue Book de la Conférence coloniale, p. 37.

5. Le Livre Bleu contient à ce sujet une édifiante

correspondance entre les ministres britanniques de la Guerre, de la Marine et des Colonies et le premier ministre Australien. Celui-ci leur transmet une pétition des producteurs et exportateurs de la Nouvelle-Galles du Sud, se plaignant que l'on ne donne pas à l'Australie sa juste part dans les fournitures pour l'armée de l'Afrique australe et signalant les articles violents (strongly worded) qui paraissent dans les journaux sur l'indifférence du War Office à l'endroit des intérêts australiens ; les administrations intéressées se défendent de leur mieux, produisent des listes de maisons australiennes avec qui elles ont traité, énumèrent les quantités de fourrages, de foins, de grains achetés en Australie ; le War Office déclare qu'il vient d'autoriser l'usage du mouton gelé deux fois par semaine dans les troupes de l'intérieur... On voit à quelles questions de boutique descend l'impérialisme et que les colonies, si chatouilleuses quand la mère patrie fait mine d'intervenir chez elles, s'immiscent dans les moindres détails de l'administration dans la métropole.

6.   The Age du 12 novembre 1902, cité dans le Times du 2 janvier 1903.

ISBN : 978-1723532160